公共服务领域国家通用手语系列

公共文化服务领域
国家通用手语百句（试行）

史玉凤　陈蓓琴　编著

南京师范大学出版社

图书在版编目（CIP）数据

公共文化服务领域国家通用手语百句：试行/史玉凤，陈蓓琴编著. -- 南京：南京师范大学出版社，2024.5. --（公共服务领域国家通用手语系列推广手册）.
ISBN 978-7-5651-6423-1

Ⅰ.H126.3

中国国家版本馆CIP数据核字第2024LS6289号

丛 书 名	公共服务领域国家通用手语系列推广手册
书　　名	公共文化服务领域国家通用手语百句（试行）
编　　著	史玉凤　陈蓓琴
策划编辑	彭　茜
责任编辑	马璐璐
出版发行	南京师范大学出版社
地　　址	江苏省南京市玄武区后宰门西村9号（邮编：210016）
电　　话	（025）83598919（总编办）　83598412（营销部）　83373872（邮购部）
网　　址	http://press.njnu.edu.cn
电子信箱	nspzbb@njnu.edu.cn
照　　排	南京凯建文化发展有限公司
印　　刷	南京玉河印刷厂
开　　本	880毫米×1230毫米　1/32
印　　张	5.25
字　　数	166千
版　　次	2024年5月第1版
印　　次	2024年5月第1次印刷
书　　号	ISBN 978-7-5651-6423-1
定　　价	35.00元
出 版 人	张　鹏

南京师大版图书若有印装问题请与销售商调换

版权所有　侵犯必究

前　言

公共文化服务是指由政府主导、社会力量参与，以满足公民基本文化需求为主要目的而提供的公共文化设施、文化产品、文化活动以及其他相关服务。提供公共文化服务的文化机构主要有图书馆、文化馆、博物馆、美术馆、科技馆、纪念馆、工人文化宫、青少年宫等。

文化是国家和民族之魂，也是国家治理之魂。文化的主要作用之一就是教育和启迪人的思想。随着社会文明程度的提高，保障残疾人群体享有平等的公共文化服务权益，成为推进社会主义文化强国建设的应有之义。加强公共文化语言服务，积极推动残疾人广泛参与社会公共文化活动，有利于他们树立融入社会的自尊心和自信心，从而使得残疾人能够平等、便捷、无障碍地获取社会公共信息，共享社会文化发展成果。

手语是听力残疾人（俗称聋人）参与社会生活、沟通交往的主要工具，是聋人相互之间，以及聋人与外界之间沟通交往的视觉语言，是国家语言文字的重要组成部分。聋人在图书馆、文化馆、博物馆、美术馆等公共文化场馆中参加相

关活动时，因沟通障碍存在诸多不便，如何将国家通用手语融入公共文化语言服务中，使这些公共场馆等窗口行业人员学会一些行业通用手语，增进与聋人的交流沟通，这是人民群众（包括聋人）共享幸福美好生活的新需求、新期待，是我们当前迫切需要解决的问题。

为深入贯彻党的二十大精神，落实《国家语言文字事业"十四五"发展规划》《第二期国家手语和盲文规范化行动计划（2021—2025年）》《"十四五"文化发展规划》，推进国家通用手语在社会生活中的推广使用，2023年，在江苏省残疾人联合会的委托下，在江苏省文化和旅游厅的支持下，国家语言文字推广基地南京特殊教育师范学院中国盲文手语推广服务中心（以下简称"中心"），组建研制团队，开展基地特色工作项目研究，针对图书馆、文化馆、博物馆、美术馆等公共文化服务领域，根据各文化服务行业的工作特点与实际需要，精心筹划国家通用手语的服务范畴与内容，具体涉及各场馆"日常用语""图书馆专用语""文化馆专用语""博物馆专用语""美术馆专用语"等五大板块，共计选择了102句常用手语，统称为"百句"并编辑成册，形成了《公共文化服务领域国家通用手语百句（试行）》。

本书以《国家通用手语常用词表》（2018年版）为指导，确保手语推广和使用的规范性。此外，书中对《国家通用手语词典》（2019年出版）没有覆盖到的公共文化服务领域手

前　言

语词汇进行了补充。研制组充分发挥聋人的主体作用，从词到句，均经过反复研究、讨论和实验比对，书中每个常用句都配有手语打法说明，对手的位置、掌心（或手背、虎口）朝向、移动方向以及双手交替动作的先后顺序做了具体规定；所有语句都配有图片和视频，可通过二维码扫读，图文并茂，动静结合，一目了然，简便易学。为了便于读者更好地了解本书中手语的具体打法，看懂图片意思，研制组参考了龚群虎、杨军辉于 2003 年草拟的《中国手语的汉语转写方案》及其 2022 年 1 月的修订版，对书中的一些标记符号做如下说明：

1. 复合词各语素间用"-"连接，如"安全-出口"。

2. 词与词之间的界限记作"/"，如"确保参观顺利进行"，转写成"保证/参观/顺利"。

3. ①②表示该词目有两种打法，此处标①或②表示采用该词目的第①种或第②种打法，如"禁止②"。

4. 词目后面标（一），表示此处选用该词目打法中的第一个手势动作，如"专门（一）"。

5. 汉语释义后加"+"表示动作反复或名词的复数，手势重复两次，记作"++"；重复两次以上，则记作"+++"。例如："等++"表示"等等"；"问++"表示"问一下，问问"；"每/文物/代表/含蓄（位置1）/故事（位置2）/不同++"，表示"每一件文物都代表不同的内涵和故事"，此处

的"不同++",表示"不同的内涵和故事"。

6. 陈述句、疑问句、祈使句分别用汉语标点符号"。""?""!"表示;复句的小句间用","分隔;句(或短语)中的词界记作"/"。例如,"这里/书/借①(书→第三方)/完了,预约/需要?",表示"这本书被借走了,需要预约吗?"。

7. 当需要描述动作的方向时,则在动词后的"( )"里用"→"标明起点与终点,如"帮助(自身→对方)",指手势动作由自身朝对方打出,表示给人帮助;如果在"( )"里加上"位置1""位置2",则用来表示不同的位置,如"保护②-栏杆(位置1)/或者/玻璃(位置2)/摸/禁止②",表示"请勿触碰防护栏或玻璃";"( )"里还可以加上描述性的内容,如"转折(朝左)",表示"前方左转"的意思。

8. 当两个单手手势必须同时组合表达时,用"〈 〉"来表示。比如"〈房+出入〉/关/需要①",该句意思是"请随手关门"。此处在表达"〈房+出入〉"时需要左右手同时呈现,即左手打"房"表示"房子",右手同时"伸拇指、小指,前后移动两下"表示"人的出入"之意。

9. 凡带✲的句子,表示有两种打法,即既可按照汉语语序来表达,也可按照聋人表达习惯颠倒使用。如"请问需要帮助吗?",可表达成"需要①/帮助(自身→对方)?",也可表达成"帮助(自身→对方)/需要①?"。这样,听者学起来较为容易，同时也考虑到了聋人视觉优先的特点。

10. 手语和汉语互译要根据需要、结合语境来进行具体分析，正所谓"词不离句"；要从整体大意出发，修饰局部细节，需要的时候要适当省略和添加成分。在处理一些句子时，考虑到聋人的表达习惯，在转写时在句中加上"（　）"，表示括号中的内容可以不用打出来。如"我是博物馆的讲解员"，手语转写为"我/（博物馆）/介绍－解释－职员（二）"，"（博物馆）"表明说话人已在该场所，可以不用打出来。

作为"公共服务领域国家通用手语系列推广手册"的第二本，《公共文化服务领域国家通用手语百句（试行）》的出版，将为听力残疾人、公共文化服务行业人员、残联工作人员、手语翻译专业学生和全社会学习、使用国家通用手语提供直接帮助，对新领域国家通用手语的研发具有创新价值和借鉴意义。

本书研制编写期间，中心主任陈蓓琴教授负责项目策划、框架设计、统筹协调、全书统稿和出版推广；项目具体负责人史玉凤教授负责全书的内容选定、手语翻译、文本呈现和全书统稿；中国聋人协会手语委员会副主任兼秘书长、中心特聘研究员沈刚（聋），南京特殊教育师范学院特殊教育学院教师戴曼莉（聋），江苏省聋人协会原主席李梦江（聋）积极参与本书的手语转译、手语词汇审核等工作；中心手语主持徐鸣宏（聋）出镜为本书做手语图片及视频示范；南京特殊

教育师范学院数学与信息科学学院李明扬老师负责拍摄与剪辑；南京特殊教育师范学院特殊教育学院特教2008班本科生周诗琪和冉丽、特教2108班本科生余欣怡及手翻2201班本科生徐梓安参与手语图片制作，南京特殊教育师范学院特殊教育学院副教授韩梅、教师刘凯毅负责手语指导及全文校对；中国聋协手语委名誉主任邱丽君（聋）参与全书审校；南京特殊教育师范学院语言学院副教授郭新文统筹全书配套视频；中心副主任陈兵负责项目保障。

国家手语和盲文研究中心专家团队顾定倩、高辉、于缘缘、王晨华、郑璇（聋）、乌永胜（聋）、仇冰（聋）、恒淼（聋）、徐聪（聋）等，对书中《国家通用手语词典》（2019年出版）没有覆盖到的词汇及短语的手语打法进行了集中鉴定，提出了中肯的意见和建设性建议，确保《公共文化服务领域国家通用手语百句（试行）》既符合手语语言学规范，又切合聋人视觉交流沟通特点，易于理解和学习。

中国残疾人联合会有关领导程凯、李东梅、韩咏梅、崔瑞芳、林帅华、郑莉，教育部、国家语言文字工作委员会有关领导王晖、刘朋建、虞迎香、耿宏莉、姚成等始终关心和指导着本书的研制编写工作。江苏省残疾人联合会党组书记、理事长姜爱军，南京特殊教育师范学院党委书记黄军伟对本书出版寄予厚望。

本书的研制工作得到江苏省残疾人联合会、江苏省文化

前　言

和旅游厅、南京特殊教育师范学院的全力支持，使得研制组能获得各项保障，研制工作能顺利推进。南京图书馆、南京博物院、江苏省美术馆、江苏省文化馆，为研制组前期搜集和整理公共文化服务相关领域规范用语提供了重要支持，使得本书的内容具有很强的针对性和规范性。本书凝聚了多方面人员的智慧和心血，是共同努力的结果。

值此付梓之际，谨向所有关心、支持、帮助《公共文化服务领域国家通用手语百句（试行）》研制、出版的单位和个人表示衷心的感谢！

党的二十大报告明确提出"加大国家通用语言文字推广力度"，为国家通用手语的推广普及指明了方向、提供了根本遵循。新时代新要求，国家通用手语推广研究迈上了新的征程。中心将一如既往，不忘初心和职责，在推广的道路上继续探索，努力创新，进一步增强责任感和使命感，推动残健融合，促进社会发展。

限于我们的专业水平和能力，本书难免存在不完善之处，希望广大读者提出宝贵意见，以便今后进一步完善。

编　者

2024 年 4 月

目 录

一 日常用语

1. 您好！请；对不起；再见；谢谢。 003
2. 请问需要帮助吗？ 004
3. 请问我能为您做些什么？ 005
4. 请您遵守公共秩序。 006
5. 您还有什么不清楚的地方吗？ 008
6. 不客气。这是我们应该做的。 009
7. 欢迎来到图书馆。 011
8. 我是博物馆的讲解员，很高兴为大家讲解。 014
9. 这件事情我不太清楚，我可以找别人帮助您。 015
10. 再见，欢迎您常来。 016
11. 可以先浏览一下我馆的服务介绍。 017
12. 可以到一楼服务台领取导览手册。 018
13. 请按照工作人员的引导，确保参观顺利进行。 019
14. 需要帮助请找工作人员。 020

15. 请您关注微信公众号，可预约相关活动。 021
16. 请勿携带宠物进入展馆。 022
17. 随身物品请通过安检，禁止携带饮料入馆。 023
18. 背包或大件行李请存放在指定区域。 024
19. 手机调成振动或静音模式，请保持安静。 025
20. 不要与其他参观者发生争执，保持友善交流。 026
21. 70岁以上老年人、现役军人、伤残军人、残疾人免预约，凭有效证件在人工窗口领取参观条入馆。 027
22. 微信扫码可观看视频讲解。 030
23. 无障碍阅览馆在一楼。 031
24. 前方非开放区域，禁止入内。 033
25. 这是安全出口，请保持畅通。 034
26. 卫生间在前方左转，请看指示牌。 035
27. 请勿在展厅内饮食。 037
28. 请勿大声喧哗，以免打扰他人。 039
29. 请随手关门。 040
30. 请不要随意触摸文物展品。 041
31. 请勿触碰防护栏或玻璃，确保安全参观。 042
32. 请勿乱涂乱画。 043
33. 请保持干净，营造美好环境。 044
34. 请爱护公共设施。 045
35. 请勿擅自拍照或录像。 046
36. 请照顾好您的孩子，不要影响他人参观。 047
37. 请衣着文明进入场馆。 048
38. 衣冠不整、醉酒者谢绝参观。 049

39. 请慢慢走，注意安全。 050

40. 排队通行，请勿拥挤。 051

41. 如遇突发状况，请不要惊慌，服从工作人员指挥，
有序撤离。 052

42. 馆内有自助存包和人工寄存两种寄存方式。 054

43. 本馆提供手语讲解，如有需要，提前预约。 056

44. 如有需要，可持身份证到服务台免费租借轮椅。 057

45. 周边设有多个停车场，停车很方便。 058

✽ 46. 停车场设有残疾人专用车位。 059

47. 本馆设有无障碍通道，方便残疾人出入。 061

48. 南馆有咖啡厅、餐厅和茶社。 062

49. 吸烟请到吸烟区。 063

50. 系统故障，请您稍等。 064

51. 由于我们工作的疏漏，给您带来了不便，请原谅。
065

52. 非常感谢您提出的建议，我们会认真考虑并尽快
予以落实。 066

53. 请保管好随身物品，以免丢失。 067

54. 保护文化遗产，珍爱历史文明。 068

二 图书馆专用语

1. 图书馆开放时间为每周二至周日 9:00—17:30，
周一闭馆。 071

2. 您需要什么书? 073
3. 我能看一下您的借阅证吗? 074
4. 办借阅证,请到一楼大厅。 075
5. 您的书已还完,借阅证可正常使用。 076
6. 对不起,您要的书已借出。 078
7. 我馆规定读者每证每次可借图书 6 册,借期为 30 天。
   079
8. 请您注意归还日期,按时还书。 081
9. 您可以使用图书馆"公共检索系统"查阅书目。 082
10. 超出还书期限,需补缴逾期费。 085
11. 我们这儿是开架借阅,您可以到书架上任意挑选。
    086
12. 这本书被借走了,需要预约吗? 088
13. 请您爱护书籍,谢谢。 089
14. 手机调振动,阅读无噪音。 090
15. 此处图书仅限馆内阅读,请勿带离图书馆。 091
16. 请保持图书整洁完好。 092
17. 请不要在书页上标注或涂写。 093
18. 借阅的图书如有损坏或丢失,需按价赔偿。 094

三 文化馆专用语

1. 文化馆是群众文化艺术活动的中心。 097
2. 继承优秀文化传统,丰富群众文化生活。 099

3. 团体参观，请提前预约，以便安排导览和接待工作。

　　　　　　　　　　　　　　　　　　　　　　101

4. 本馆提供各类文化、艺术、科学、教育等公益资源。

　　　　　　　　　　　　　　　　　　　　　　103

5. 请妥善保管入场券，遗失不补。　　　　　　　105
6. 本周日在1号展厅举办民国时期民俗文化展。　106
7. 本场话剧为公益性演出。　　　　　　　　　　108
8. 参加活动时，请不要随意打断表演或讲座，保持礼貌
   和秩序。　　　　　　　　　　　　　　　　　109
9. 非遗展厅接待人数为30人，到达限额人数后请在展厅
   外排队等候。　　　　　　　　　　　　　　　111
10. 文化馆每月举办特色艺术培训班，如有需要，可关注
    微信发布。　　　　　　　　　　　　　　　　113

四　博物馆专用语

1. 每一件文物都代表不同的内涵和故事。　　　　117
2. 博物馆可划分为历史类、艺术类、科学与技术类、
   综合类四大类。　　　　　　　　　　　　　　118
3. 数字馆有适合儿童参观的互动游戏体验区。　　120
4. 特展馆会举办新展，需另外购票。　　　　　　122
5. 国家博物馆现有藏品数量140多万件。　　　　124
6. 北京故宫博物院是中国最大的古代文化艺术博物馆。

　　　　　　　　　　　　　　　　　　　　　　126

7. 南京博物院里有好多展馆，如历史馆、民国馆、
数字馆和特展馆等。 128

8. 中国大运河博物馆以历史叙事方式，全景展示世界
文化遗产项目中国大运河的面貌与价值。 131

9. 博物馆内拍摄禁止使用闪光灯，强光会加速文物老化。
 134

10. 博物馆特色文创商店位于一楼出口处。 136

五 美术馆专用语

1. 预约参观本次美术展，可免费领取配套展览画册和
纪念门票。 139
2. 美术馆主办各种类型的中外美术作品展览。 141
3. 国画作品展开幕式将于9月28日上午10点举办。
 143
4. 本期展出的是中国画、油画、版画、雕塑等。 144
5. 2号展厅的艺术作品以印象主义风格为主。 145
6. 这是一幅工笔花鸟画作品。 147
7. 馆内大型雕塑请勿触摸或攀爬。 148
8. 如需临摹展品，请先征得工作人员同意。 149
9. 欲购买美术作品，请与工作人员联系。 151
10. 文创中心可盖纪念印章。 152

一 日常用语

一　日常用语

1. 您好！请；对不起；再见；谢谢。

手语：您/好！/请/对不起①/再见/谢谢。

您　　　好　　　请

对不起①　　　再见　　　谢谢

2. 请问需要帮助吗?

手语打法一:需要①/帮助(自身→对方)?

需要① 　　　帮助(自身→对方)?

手语打法二:帮助(自身→对方)/需要①?

帮助(自身→对方) 　　　需要①?

3. 请问我能为您做些什么?

手语：我 / 能 / 帮助（自身→对方）/ 什么?

我

能

帮助（自身→对方）

什么?

4. 请您遵守公共秩序。

手语打法一：请 / 您 / 遵守 / 公－共同（一）/ 秩序。

| 请 | 您 | 遵守 |

| 公－共同（一） | 秩序 |

👉 手语打法二：公－共同（一）/秩序/您/遵守。

公－共同（一）　　　　秩序

您　　　　遵守

5. 您还有什么不清楚的地方吗?

手语:您 / 模糊 / 有?

您

模糊

有?

✱ 6. 不客气。这是我们应该做的。

手语打法一：不，我们 / 应该 / 做。

不 　　　　　　　我们

应该 　　　　　　做

公共文化服务领域国家通用手语百句（试行）

手语打法二：客气/不，我们/应该/做。

客气 　　　　　　　不

我们 　　　　　应该 　　　　做

一　日常用语

✳ 7. 欢迎来到图书馆。

👉 手语打法一：欢迎②/来/图书馆。

欢迎②

来

图书馆

公共文化服务领域国家通用手语百句（试行）

☞ 手语打法二：来/图书馆/欢迎②。

来　　　　　　　　　　图书馆

欢迎②

一 日常用语

拓展词汇：博物馆/文化馆/美术馆

👉 手语：博物馆/文化馆/美术②-房

博物馆

文化馆

美术②-房

公共文化服务领域国家通用手语百句(试行)

8. 我是博物馆的讲解员,很高兴为大家讲解。

手语:我/博物馆/介绍-解释-职员(二),提供(自身→对方)/服务/高兴。

我

博物馆

介绍-解释-职员(二)

提供(自身→对方) 　　服务 　　高兴

一　日常用语

9. 这件事情我不太清楚，我可以找别人帮助您。

手语：这里 / 事情② / 我 / 不 / 清楚，我 / 可以 / 找 / 别人 / 帮助（第三方→对方）。

| 这里 | 事情② | 我 | 不 |

| 清楚 | 我 | 可以 | 找 |

| 别人 | | 帮助（第三方→对方） |

10. 再见，欢迎您常来。

手语：再见，欢迎②/常常/来。

再见

欢迎② 　　　　　常常 　　　　　来

一　日常用语

11. 可以先浏览一下我馆的服务介绍。

手语：这里（指向服务大屏）/ 服务 / 介绍 / 先 / 看 +。

这里（指向服务大屏） 　　　服务 　　　　　　　介绍

先 　　　　　　　　看 +

12. 可以到一楼服务台领取导览手册。

手语：〈一＋楼层〉/ 服务－台② / 指导－展览馆（一）－手册 / 有，拿（服务台→自身）/ 可以。

〈一＋楼层〉 　　　服务－台②

指导－展览馆（一）－手册

有 　　拿（服务台→自身） 　　可以

一　日常用语

13. 请按照工作人员的引导，确保参观顺利进行。

手语：请/按照/工作①-人-员/引导①，保证/参观/顺利。

请 　　　按照

工作①-人-员

引导① 　　　保证 　　　参观 　　　顺利

14. 需要帮助请找工作人员。

手语：需要①/帮助（自身→对方）/找/工作①-人-员。

需要①　　　帮助（自身→对方）　　　找

工作①-人-员

15. 请您关注微信公众号，可预约相关活动。

手语：微信 / 公 - 群众 - 喊 / 您 / 〈号码 +10〉，参加 / 活动 / 预约 / 需要①。

微信

公 - 群众 - 喊

您

〈号码 +10〉

参加

活动

预约

需要①

16. 请勿携带宠物进入展馆。

手语：宠物/〈进+房〉/禁止②。

宠物

〈进+房〉 　　　禁止②

17. 随身物品请通过安检，禁止携带饮料入馆。

手语：自己 / 东西① / 带① / 安检，饮料 / 带① / 〈进 + 房〉 / 禁止②。

| 自己 | 东西① | 带① |

| 安检 | | 饮料 |

| 带① | 〈进 + 房〉 | 禁止② |

18. 背包或大件行李请存放在指定区域。

手语：背包/或者/大－行李（位置1）/那（位置2）/寄存（位置1→位置2）。

| 背包 | 或者 | 大－行李（位置1） | 那（位置2） |

| 那（位置2） | 寄存（位置1→位置2） |

一　日常用语

19. 手机调成振动或静音模式,请保持安静。

手语:手机/改变/振动(手机振动状)/或者/声音/关,安静/保持。

| 手机 | 改变 | 振动(手机振动状) |

| 或者 | 声音 | 关 |

| 安静 | | 保持 |

20. 不要与其他参观者发生争执,保持友善交流。

手语:参观/时,你/和/别人/吵架/不,耐心(一)++/交流。

参观 　　　　时 　　　　你

和　　　　别人 　　　　吵架

不 　　　　耐心(一)++ 　　　　交流

一　日常用语

21. 70 岁以上老年人、现役军人、伤残军人、残疾人免预约，凭有效证件在人工窗口领取参观条入馆。

手语：年龄-〈及格+70〉-老人（位置1）/军-人（位置2）/工伤（二）-军-人（位置3）/残疾人①（位置4）/预约不，证书（一）/有/去/人-工-台②（指窗口）/参观-条/拿（窗口→自身）/〈进+房〉。

年龄-〈及格+70〉

老人（位置1）　　　　军-人（位置2）

公共文化服务领域国家通用手语百句（试行）

工伤（二）- 军 - 人（位置3）

残疾人①（位置4）

预约　　　　　　　　　　不

一　日常用语

证书（一） 　　　有

去 　　　人－工－台②（指窗口）

参观－条　　　拿（窗口→自身）  　　　〈进＋房〉

22. 微信扫码可观看视频讲解。

手语：微信 / 扫一扫 / 看① / 视屏 / 介绍 ++ / 可以。

微信 　　　　　　　　扫一扫

看① 　　　　　　视屏

介绍  ++　　　　　　可以

23. 无障碍阅览馆在一楼。

手语：无－障碍/阅览室/〈一＋楼层〉。

无－障碍

阅览室

〈一＋楼层〉

拓展词汇：少儿阅览馆 / 非物质文化遗产中心

手语：儿童 / 阅览室　是非①（二）- 物质② / 文化① - 遗产① / 中央（一）- 心

儿童

阅览室

是非①（二）- 物质②

文化①

遗产①

中央（一）- 心

24. 前方非开放区域,禁止入内。

手语:指点前方,去(自身→前方)/禁止①。

指点前方　　　去(自身→前方)

禁止①

25. 这是安全出口，请保持畅通。

手语：这里 / 安全 / 出口，一直 / 交往。

这里  　　　　　　安全

出口

一直 　　　　　　交往

一　日常用语

26. 卫生间在前方左转，请看指示牌。

手语：卫生间 / 前① / 转折（朝左），〈号码 + 看①〉/ 有。

卫生间

前①

转折（朝左）

〈号码 + 看①〉

有

拓展词汇：母婴室

手语：母－婴儿－房

母－婴儿－房

27. 请勿在展厅内饮食。

手语：展览－房 / 内 / 吃－喝 / 禁止①。

展览－房

内

吃－喝

禁止①

拓展词汇：嬉戏打闹

手语：跟 / 玩①

跟　　　　　玩①

一　日常用语

28. 请勿大声喧哗，以免打扰他人。

手语：说 / 噪音，妨碍 / 别人 / 不。

说 　　　　　　　噪音

妨碍

别人 　　　　　　　　　　不

29. 请随手关门。

手语：〈房+出入〉/ 关 / 需要①。

〈房+出入〉

关

需要①

30. 请不要随意触摸文物展品。

手语：文物/展示（一）- 品种（一）/随便②/摸/禁止②。

文物

展示（一）- 品种（一）

随便② 　　　摸 　　　禁止②

31. 请勿触碰防护栏或玻璃，确保安全参观。

手语：保护②-栏杆（位置1）/或者/玻璃（位置2）/摸/禁止②，保证/安全/参观。

保护②-栏杆（位置1） 　　或者

玻璃（位置2） 　　摸 　　禁止②

保证　　安全 　　参观

32. 请勿乱涂乱画。

手语：涂鸦 / 绘画 / 禁止②。

涂鸦

绘画 　　　　　　禁止②

33. 请保持干净，营造美好环境。

手语：保持 / 干净，建设 / 美 - 好 / 环境。

保持

干净 　　　建设

美 - 好 　　　环境

34. 请爱护公共设施。

手语：爱护 / 公－共同（一）/ 东西② ++。

爱护

公－共同（一） 　　东西② ++

35. 请勿擅自拍照或录像。

手语：随便②/照相++/录像/禁止②。

随便② 　　　照相++

录像 　　　禁止②

36. 请照顾好您的孩子，不要影响他人参观。

手语：您 / 孩子 / 管理（一）/ 好，影响 / 别人 / 参观 / 不。

| 您 | 孩子 | 管理（一） | 好 |

影响

| 别人 |  | 参观 | 不 |

37. 请衣着文明进入场馆。

手语：衣服 / 整齐 / 〈进 + 房〉。

衣服

整齐

〈进 + 房〉

38. 衣冠不整、醉酒者谢绝参观。

> 手语：衣服 / 乱（位置1）/ 醉（位置2）/ 参观 / 禁止②。

衣服 　　　乱（位置1）

醉（位置2）

参观 　　　禁止②

39. 请慢慢走,注意安全。

手语:走/慢①,注意②/安全。

走 　　　慢①

注意② 　　　安全

一　日常用语

40. 排队通行，请勿拥挤。

手语：排队（向前进），拥挤/不。

排队（向前进） 　　　拥挤

不

41. 如遇突发状况，请不要惊慌，服从工作人员指挥，有序撤离。

手语：如果 / 情况 / 突然 - 发生，慌 / 不，工作① - 人 - 员 / 指挥② / 服从，排队（向前进）/ 涣散。

| 如果 | 情况 | 突然 - 发生 |

| 慌 | 不 |

一　日常用语

工作①－人－员

指挥②　　服从

排队（向前进）　　涣散

42. 馆内有自助存包和人工寄存两种寄存方式。

手语：房－内 / 寄存 / 方法 / 2 /〈指+1〉/ 自己－帮助 /〈指+2〉/ 服务－存储。

房－内

寄存

方法

2

一 日常用语

〈指+1〉

自己-帮助

〈指+2〉

服务-存储

43. 本馆提供手语讲解,如有需要,提前预约。

手语:这里/有/手语/介绍-解释,如果/需要①/预约。

这里　　　　　有　　　　　手语

介绍-解释　　　　　　　如果

需要①　　　　　　预约

一　日常用语

44. 如有需要，可持身份证到服务台免费租借轮椅。

手语：如果/需要①/轮椅，到/服务-台②/身份证/给（自身→服务台）/免费/租/可以。

| 如果 | 需要① | 轮椅 | 到 |

| 服务-台② | 身份证 | 给（自身→服务台） |

| 免费 | 租 | 可以 |

45. 周边设有多个停车场,停车很方便。

手语:停车场①/部落,〈车+停〉/方便。

停车场①

部落 　　　〈车+停〉 　　　方便

✳ 46. 停车场设有残疾人专用车位。

> 手语打法一：广场/内/有/残疾人①/专门（一）/〈车+停〉-位置②。

广场　　　　内　　　　有

残疾人①

专门（一）　　　　〈车+停〉-位置②

公共文化服务领域国家通用手语百句（试行）

> 手语打法二：残疾人①/专门（一）/〈车＋停〉－位置②/广场/内/有。

残疾人①

专门（一） 　　　　　〈车＋停〉－位置②

广场 　　　　内 　　　　有

一　日常用语

47. 本馆设有无障碍通道，方便残疾人出入。

手语：无－障碍/道路/这里/有，残疾人①/来－去/方便。

无－障碍 　　　道路

这里 　　　有

残疾人① 　　　来－去 　　　方便

48. 南馆有咖啡厅、餐厅和茶社。

手语：南②－房/内/咖啡厅（位置1）/餐厅（位置2）/茶馆（位置3）/部落/有++。

南②－房 　　　　　　　内

咖啡厅（位置1） 　　　　餐厅（位置2）

茶馆（位置3） 　　　　部落 　　　　有++

一 日常用语

49. 吸烟请到吸烟区。

手语：香烟－场合／香烟／去（自身→吸烟区）。

香烟－场合

香烟　　去（自身→吸烟区）

50. 系统故障，请您稍等。

手语：系统 / 不行② , 您 / 等－稍微。

系统

不行②

您

等－稍微

一　日常用语

51. 由于我们工作的疏漏,给您带来了不便,请原谅。

手语:我们/工作②/失误,给(自身→对方)/麻烦,原谅。

我们　　　　　　　　　　工作②

失误　　　　　　给(自身→对方)

麻烦　　　　　　原谅

52. 非常感谢您提出的建议,我们会认真考虑并尽快予以落实。

手语:您／意见(对方→自己)／感谢,我们／会／考虑／迅速／改变。

| 您 | 意见(对方→自己) | 感谢 |

| 我们 | 会 |

| 考虑 | 迅速 | 改变 |

一　日常用语

53. 请保管好随身物品，以免丢失。

手语：自己 / 东西① / 保管 / 好，丢 / 不。

自己 　　东西① 　　保管

好 　　丢 　　不

54. 保护文化遗产，珍爱历史文明。

手语：保护①/文化①/遗产①/，爱++/历史/文明。

保护①

文化①

遗产①

爱++

历史

文明

二 图书馆专用语

二　图书馆专用语

1. 图书馆开放时间为每周二至周日 9∶00—17∶30，周一闭馆。

> 手语：图书馆 / 开门 / 时间 / 星期二① / 一（平移）/ 星期日① / 早上② / 〈手表 +9〉/ 一（平移）/ 下午② / 〈手表 +5〉/ 半，星期一① / 关。

图书馆 　　　　开门

时间 　　星期二①　　一（平移） 　　星期日①

公共文化服务领域国家通用手语百句(试行)

早上②  〈手表+9〉 —(平移)

下午②  〈手表+5〉  半

星期一①  关

2. 您需要什么书?

手语:您 / 要 / 书 / 什么?

您

要

书

什么?

3. 我能看一下您的借阅证吗？

手语：您 / 借①－阅读－证书（一）/ 给（对方→自身）/ 看① / 可以？

您 　　　　　　　　借①－阅读－证书（一）

给（对方→自身） 　　看① 　　　　可以？

二　图书馆专用语

4. 办借阅证，请到一楼大厅。

手语：办公（一）/借①-阅读-证书（一），到/〈一+楼层〉/大-房。

办公（一）

借①-阅读-证书（一）

到 　　〈一+楼层〉 　　大-房

075

5. 您的书已还完，借阅证可正常使用。

手语：您 / 书 / 还（对方→自身）/ 完了，借①-阅读-证书（一）/ 用 / 可以。

您

书

还（对方→自身）

完了

二　图书馆专用语

借①－阅读－证书（一）

用　　　　　　可以

6. 对不起，您要的书已借出。

手语：对不起①，您 / 要 / 书 / 借①（书→第三方）/ 了。

对不起① 　　　　　您 　　　　　要

书 　　　　　借①（书→第三方） 　　　　　了

7. 我馆规定读者每证每次可借图书6册,借期为30天。

手语:规定①/借①-阅读-证书(一)/每/次/可以/借①(自身→对方)/书/6,时期/〈30+天〉。

规定①

借①-阅读-证书(一)

公共文化服务领域国家通用手语百句（试行）

每 　　　　　次 　　　　　可以

借①（自身→对方） 　　　书 　　　　6

时期 　　　　　〈30+ 天〉

二 图书馆专用语

8. 请您注意归还日期，按时还书。

手语：书/还（对方→自身）/期限/您/注意①，按时/还（对方→自身）。

书 　　还（对方→自身） 　　期限

您 　　注意①

按时 　　还（对方→自身）

9. 您可以使用图书馆"公共检索系统"查阅书目。

手语：您／可以／用／图书馆／公－共同（一）／检索／系统／找／书－目录（二）。

您　　　　　可以　　　　　用

图书馆　　　　　　公－共同（一）

二　图书馆专用语

检索

系统

找　　　　　书-目录（二）

拓展词汇：办理挂失 / 借还图书 / 续借图书

手语：办公（一）/ 挂失　借① / 还 / 书　借① / 书 / 继续

办公（一）

挂失

借①

还

书

借①

书

继续

10. 超出还书期限，需补缴逾期费。

手语：书 / 还（对方→自身）/ 期限 / 超，钱 / 增加 / 要。

书 　　　还（对方→自身）

期限 　　　超

钱 　　　增加 　　　要

11. 我们这儿是开架借阅，您可以到书架上任意挑选。

手语：我们 / 这里 / 是 / 书－档案①（一）/ 借①－阅读，书－台② / 指（书架）/ 您 / 随便② / 挑选 / 可以。

我们	这里

是	书－档案①（一）

二　图书馆专用语

借①－阅读

书－台② 　　　指（书架） 　　　您

随便② 　　　挑选 　　　可以

12. 这本书被借走了，需要预约吗？

手语：这里 / 书 / 借①（书→第三方）/ 完了，预约 / 需要？

这里 　　　书

借①（书→第三方） 　　　完了

预约 　　　需要？

二 图书馆专用语

13. 请您爱护书籍,谢谢。

手语:书/您/爱护/要,谢谢。

书 　　　您 　　　爱护

要 　　　谢谢

14. 手机调振动，阅读无噪音。

手语：手机 / 改变 / 振动（手机振动状），阅读 / 环境 / 噪音 / 不。

| 手机 | 改变 | 振动（手机振动状） |

| 阅读 | 环境 | 噪音 | 不 |

二　图书馆专用语

15. 此处图书仅限馆内阅读，请勿带离图书馆。

手语：这里 / 书 / 限制 / 房 / 内 / 阅读，书 / 拿 /〈房 + 出〉/ 禁止①。

| 这里 | 书 | 限制 |

| 房 | 内 | 阅读 |

| 书 | 拿 | 〈房 + 出〉| 禁止① |

16. 请保持图书整洁完好。

手语：书 / 干净 /〈书＋完整②〉/ 保持 / 要。

书

干净

〈书＋完整②〉

保持

要

二　图书馆专用语

17. 请不要在书页上标注或涂写。

手语：书-页/写字++/涂鸦/不。

书-页

写字++

涂鸦

不

18. 借阅的图书如有损坏或丢失，需按价赔偿。

手语：借①/书/如果/破/丢，按照/价格/赔偿/要。

借①	书	如果
破	丢	按照
价格		赔偿	要

三 文化馆专用语

三　文化馆专用语

1. 文化馆是群众文化艺术活动的中心。

手语：文化馆 / 是 / 群众 / 文化① / 艺术 / 活动 / 中央（一）- 心。

文化馆

是　　　　群众　　　　文化①

公共文化服务领域国家通用手语百句(试行)

艺术

活动

中央(一)-心

三　文化馆专用语

2. 继承优秀文化传统，丰富群众文化生活。

> 手语：继承①/优秀/文化①/传统，丰富/群众/文化①/生活。

继承①

优秀　　　　　　　　　文化①

公共文化服务领域国家通用手语百句(试行)

传统

丰富 　　　　　　群众

文化① 　　　　　生活

三　文化馆专用语

3. 团体参观，请提前预约，以便安排导览和接待工作。

> 手语：团体/参观，预约，方便/安排/引导（一）-参观/和/接待/工作①。

团体 　　参观

预约

公共文化服务领域国家通用手语百句(试行)

方便　　　　　　安排

引导(一)-参观 　　　和

接待　　　　　　工作①

三 文化馆专用语

4. 本馆提供各类文化、艺术、科学、教育等公益资源。

手语：这里/有/文化①（位置1）/艺术（位置2）/科学（位置3）/教育（位置4）/种类（一）/公益/资源。

这里 　　　　　　有

文化①（位置1） 　　　艺术（位置2）

公共文化服务领域国家通用手语百句（试行）

科学（位置3）  教育（位置4）

种类（一）  公益

资源

三　文化馆专用语

5. 请妥善保管入场券，遗失不补。

手语：〈进+房〉-票/保管/好，丢/补偿（一）/不行②。

〈进+房〉-票

保管　　　好

丢　　　补偿（一） 　　　不行②

6. 本周日在1号展厅举办民国时期民俗文化展。

手语：现在 / 星期日① / 在 /〈号码 +1〉/ 展览馆 / 办公（一）/ 民国 / 时期 / 风俗 / 文化① / 展览。

| 现在 | 星期日① | 在 |

|〈号码 +1〉|  | 展览馆 |

三　文化馆专用语

办公（一） 　　　民国

时期  　　　风俗

文化① 　　　展览

7. 本场话剧为公益性演出。

手语：这里 / 话剧 / 公益 / 性质 / 是。

这里  　　　　　　话剧

公益 　　　　　　性质 　　　　　是

三　文化馆专用语

8. 参加活动时，请不要随意打断表演或讲座，保持礼貌和秩序。

手语：参加/活动/时候，影响（自身→对方）/不，礼貌（位置1）/秩序（位置2）/要。

参加

活动

时候

公共文化服务领域国家通用手语百句（试行）

影响（自身→对方） 　　　　不

礼貌（位置1） 　　秩序（位置2） 　　要

9. 非遗展厅接待人数为30人，到达限额人数后请在展厅外排队等候。

> 手语：是非①（二）/ 遗产① / 展览馆（位置1）/ 接待 / 人 / 限制 /30，人 / 满 / 在（位置2）/ 外 / 排队 / 等。

是非①（二） 　　　　　　遗产①

展览馆（位置1） 　　　　　接待

公共文化服务领域国家通用手语百句（试行）

人	限制	30

人	满

在（位置2）	外	排队	等

三 文化馆专用语

10. 文化馆每月举办特色艺术培训班，如有需要，可关注微信发布。

手语：文化馆/每月/办公（一）/特色/艺术/培训/班①，如果/需要①，注意①/看/微信。

文化馆　　　　　　　　每月

办公（一）　　　　　　特色

公共文化服务领域国家通用手语百句(试行)

艺术 　　　　　培训 　　　　　班①

如果 　　　　　需要①

注意① 　　　　看  　　　　　微信

四 博物馆专用语

四　博物馆专用语

1. 每一件文物都代表不同的内涵和故事。

手语：每／文物／代表／含蓄（位置1）／故事（位置2）／不同 ++。

每 　　　　　　文物

代表　　　　　　　　　含蓄（位置1）

故事（位置2） 　　不同 ++

2. 博物馆可划分为历史类、艺术类、科学与技术类、综合类四大类。

手语：博物馆 / 内 / 种类 / 划分 /4/〈指 +1〉/ 历史 /〈指 +2〉/ 艺术 /〈指 +3〉/ 科学 / 与 / 技术 /〈指 +4〉/ 综合。

博物馆		内

种类		划分	

4	〈指 +1〉	历史

四　博物馆专用语

〈指+2〉　　　艺术

〈指+3〉 　　　科学 　　　与

技术 　　　〈指+4〉 　　　综合

3. 数字馆有适合儿童参观的互动游戏体验区。

手语：数－字－房/内/有/互相－活动（二）/游戏－区（位置1）/合适②/儿童（位置2）/参观。

数－字－房

内　　　　有

四 博物馆专用语

互相－活动（二）  游戏－区（位置1）

合适②  儿童（位置2）  参观

4. 特展馆会举办新展,需另外购票。

手语:特殊 / 展览馆 / 偶尔① / 办公(一)/ 新① / 展览馆(一),需要① / 再 / 买 / 票。

特殊

展览馆

偶尔①

办公(一)

四 博物馆专用语

| 新① | 展览馆（一） | 需要① |

| 再 | 买 | 票 |

5. 国家博物馆现有藏品数量 140 多万件。

手语：国家 / 博物馆 / 现在 / 存储 / 东西① / 数量 / 有 / 140 / 多 / 万。

国家

博物馆

现在

存储

东西①

四　博物馆专用语

数量　　　有　　　　140

多　　　万

公共文化服务领域国家通用手语百句(试行)

6. 北京故宫博物院是中国最大的古代文化艺术博物馆。

手语：北京/故宫/博物馆/是/中国/最②/大/古代/文化①/艺术/博物馆。

北京

故宫

博物馆 　　　　　　　　　　　是

四　博物馆专用语

中国 　　　最② 　　　大

古代　　　　　　文化①

艺术　　　　　博物馆

7. 南京博物院里有好多展馆，如历史馆、民国馆、数字馆和特展馆等。

手语：南京/博物馆/内/展览馆（一）/市场（二）/多，比如/历史-房（位置1）/民国-房（位置2）/数-字-房（位置3）/特别-展览馆（位置4）/一些②。

南京 　　博物馆

内 　　展览馆（一） 　　市场（二） 　　多

四　博物馆专用语

比如　　　　　　　历史－房（位置1）

民国－房（位置2）

数－字－房（位置3）

公共文化服务领域国家通用手语百句（试行）

特别－展览馆（位置4）

一些②

130

四　博物馆专用语

8.中国大运河博物馆以历史叙事方式,全景展示世界文化遗产项目中国大运河的面貌与价值。

手语:中国/大－运河/博物馆/用/历史/记录①/方法,展示/世界/文化①/遗产①/项目/中国/大－运河/风景(二)(位置1)/和/价值(位置2)。

| 中国 | 大－运河 |

| 博物馆 | 用 | 历史 |

公共文化服务领域国家通用手语百句(试行)

记录①    方法

展示    世界

文化①    遗产①

四　博物馆专用语

项目 　　　　中国

大－运河

风景（二）（位置1） 　　和 　　价值（位置2）

9. 博物馆内拍摄禁止使用闪光灯,强光会加速文物老化。

手语:博物馆 / 内 / 闪光灯 / 禁止② ,光① / 导致 / 文物 / 老-旧 / 快。

博物馆　　　　　　　内

闪光灯　　　禁止②

四 博物馆专用语

光①

导致

文物

老－旧

快

10. 博物馆特色文创商店位于一楼出口处。

手语：博物馆 / 特色 / 文化①（一）- 创造（一）/ 商店 /〈一 + 楼层〉/ 出口。

博物馆

特色

文化①（一）- 创造（一）

商店

〈一 + 楼层〉

出口

五 美术馆专用语

五 美术馆专用语

1. 预约参观本次美术展，可免费领取配套展览画册和纪念门票。

手语：预约/参观/绘画-展览馆（一），配套/绘画/手册（二）/和/纪念/门-票/免费/拿/可以。

预约 　　　　　　　　　参观

绘画　展览馆（·）　　　配套

公共文化服务领域国家通用手语百句（试行）

绘画 　　手册（二） 　　和

纪念 　　　　　门 - 票

免费 　　拿 　　可以

五　美术馆专用语

2. 美术馆主办各种类型的中外美术作品展览。

手语：美术②－房/主办/种类（一）/中国/国－外/绘画/作品/展览馆（一）。

美术②－房

主办

公共文化服务领域国家通用手语百句(试行)

种类(一)    中国

国-外    绘画

作品    展览馆(一)

五　美术馆专用语

3. 国画作品展开幕式将于9月28日上午10点举办。

手语：国画 / 作品 / 展览馆（一）/ 开幕 / 活动 /〈日期 / 9+28〉/ 上午② /〈手表 +10〉/ 开始。

国画　　　　　　　　　　　作品

展览馆（一） 　　开幕　　　　　　活动

〈日期 /9+28〉 　　上午② 　　〈手表 +10〉 　　开始

143

4. 本期展出的是中国画、油画、版画、雕塑等。

手语：现在 / 这里 / 展览馆（一）/ 国画（位置1）/ 油画（位置2）/ 版画（位置3）/ 雕塑（位置4）/ 一些②。

现在 　　　这里 　　　展览馆（一）

国画（位置1）  　　　油画（位置2）

版画（位置3） 　　　雕塑（位置4）  　　　一些②

五　美术馆专用语

5. 2号展厅的艺术作品以印象主义风格为主。

手语:〈号码+2〉/展览馆/艺术/作品/这里/印象/主义/风格/为/主办（一）。

〈号码+2〉 　　　　　　　　　展览馆

艺术

作品 　　　　　　　　　　　这里

公共文化服务领域国家通用手语百句（试行）

印象 　　　　　　　　　主义

风格

为 　　　　　　　　　主办（一）

6. 这是一幅工笔花鸟画作品。

手语：这里/是/工－笔/花/鸟/绘画/作品。

| 这里 | 是 | 工－笔 |

| 花 | 鸟 |

| 绘画 | 作品 |

7. 馆内大型雕塑请勿触摸或攀爬。

手语：房 / 内 / 大 / 雕塑 / 摸 / 或者 / 爬 / 禁止②。

房 　　内

大 　　雕塑 　　摸 　　或者

爬 　　禁止②

8. 如需临摹展品，请先征得工作人员同意。

> 手语：如果/展览馆（一）-作品（二）/临摹/要，首先/咨询/工作①-人-员/同意①（咨询表情）。

如果

展览馆（一）-作品（二）

临摹

要

公共文化服务领域国家通用手语百句（试行）

首先 　　咨询

工作①－人－员

同意①（咨询表情）

五　美术馆专用语

9. 欲购买美术作品，请与工作人员联系。

手语：绘画/作品/想/买，联系（对方→第三方）/工作①-人-员。

绘画　　　　　　　　作品

想　　　　　买　　　　联系（对方→第三方）

工作①-人-员

10. 文创中心可盖纪念印章。

手语：文化①（一）/创造（一）/中央（一）-心/纪念/印章/可以。

文化①（一）

创造（一）

中央（一）-心

纪念

印章

可以